CAHIER DES CHARGES GÉNÉRALES PROVISOIRE

DU 12 JUILLET 1907

relatif aux fournitures à faire aux divers services du Département de la guerre :

1° D'effets et accessoires de harnachement;

2° Des matières diverses entrant dans la confection des effets et accessoires de harnachement.

PARIS

Henri **CHARLES-LAVAUZELLE**

Éditeur militaire

10, Rue Danton, Boulevard Saint-Germain, 118

MÊME MAISON A LIMOGES

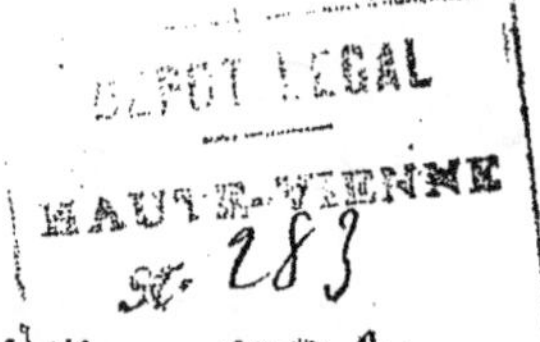

Cahier des charges générales provisoire (1) relatif aux fournitures à faire aux divers services du Département de la guerre :

1° D'effets et accessoires de harnachement ;

2° Des matières diverses entrant dans la confection des effets et accessoires de harnachement.

NOTA. — Les dispositions du présent cahier des charges sont applicables aux fournitures faites par les maîtres selliers des corps de troupe aux divers services du Département de la guerre ou aux corps de troupe.

Paris, le 12 juillet 1907.

CHAPITRE Ier.

ARTICLE 1er. — **Provenance des fournitures.**

Les fournitures doivent être fabriquées en France, ou dans les colonies françaises, ou dans les pays placés sous le protectorat de la France. Sauf impossibilité reconnue, les matières premières doivent être également de provenance française (métropole ou colonies, y compris les pays de protectorat français) (2).

---

(1) Le présent cahier des charges annule et remplace :

1° Le cahier des charges, approuvé le 16 juillet 1902, relatif aux fournitures d'effets et accessoires de harnachement à faire aux établissements de l'artillerie;

2° Le cahier des charges, approuvé le 8 septembre 1898, relatif aux fournitures de cuir à faire aux établissements de l'artillerie.

La note, approuvée le 6 mars 1889, relative aux conditions particulières à insérer dans le cahier des charges pour la fourniture de toile chinée imperméable à faire aux établissements de l'artillerie, sera annulée, sans nouvel avis, lorsque les établissements auront reçu les conditions de réception des toiles et tissus, qui sont en préparation.

(2) Les peaux employées à la préparation des cuirs peuvent provenir de l'étranger, mais elles doivent être tannées et corroyées en France ou dans les colonies ou pays de protectorat français. Les cuirs échantillonnés et les croupons porteront la marque du tanneur et du corroyeur.

. Les divers services du Département de la guerre se réservent le droit de s'assurer de la provenance des matières premières et fournitures diverses, en exigeant de l'adjudicataire la production de toutes pièces, telles que certificats, factures, lettres de voitures, etc., de nature à éclairer ses recherches.

ARTICLE 2. — **Conditions générales que doivent remplir les fournitures.**

Les fournitures doivent être entièrement conformes *aux données des tables de construction* et aux modèles-types ministériels.

Les *tables de construction* indiquent les formes et les dimensions des différentes pièces de harnachement, et, d'une manière sommaire, les conditions auxquelles doivent satisfaire les matières premières et les divers accessoires.

Les fournisseurs peuvent prendre connaissance de ces documents et examiner les modèles-types à l'établissement indiqué par le cahier des charges spéciales, aux jours et heures fixés par ledit cahier des charges.

L'adjudicataire peut recevoir, à titre de prêt, et sur sa demande adressée au directeur de cet établissement, un exemplaire (texte et planches) des tables de construction se rapportant aux confections qu'il a à exécuter.

L'adjudicataire doit examiner sur place les modèles-types, qui, en aucun cas, ne doivent sortir de l'établissement.

Les modèles-types ont pour principal objet de servir de guide et de renseignement pour les confections, notamment sous le rapport de l'aspect général des effets et pour les menus détails qui ne peuvent être précisés par les tables de construction et par les cahiers des charges.

Dans le cas où, au cours du marché, par suite d'altération ou pour toute autre cause, les modèles-types viendraient à ne plus remplir complètement les conditions prescrites par les tables de construction et les cahiers des charges, les descriptions données par ces documents doivent toujours prévaloir et constituer la loi des parties.

ARTICLE 3. — **Désignation des fournitures.**

CONDITIONS QUE DOIT REMPLIR CHACUNE D'ELLES.

§ 1. — *Cuirs.*

Les cuirs employés dans la confection du harnachement ou

du matériel des divers services du Département de la guerre sont définis de la manière suivante :

Bœuf, vache, fauve ou noir sur fleur. { lissé........ / grené........ / piqueté...... } { en plein suif / en suif...... / à l'huile.... / à l'eau...... } { en cuir entiers échantillonnes. / en bandes échantillonnées. / en croupons longs. / en croupons courts. }

Bœuf, vache, hon- groyé .... { en cuirs entiers échantillonnés. / en bandes échantillonnées. / en croupons longs. / en croupons courts. }

Veau.. { fauve..... / ciré....... } { lissé........ / grené ...... / piqueté..... } à l'huile.

Basane { fauve, à l'huile épilée. / blanche, demi-laine. }

Tous les cuirs devront être de première qualité, souples, d'une belle couleur et non cassants du côté de la fleur.

Les effleurures peu étendues et peu profondes, les coutelures insignifiantes, les traces de ronce, les piqûres d'aiguillon, à moins qu'elles ne soient profondes et prolongées, les piqûres de taon guéries, ne sont pas un motif de rejet lorsque leur nombre ne diminue pas la qualité et la résistance du cuir.

Les cuirs qui présenteraient ces défauts en trop grand nombre pour que la totalité de la peau puisse être utilisée, ou sur lesquels il existerait d'autres défauts locaux, tels que piqûres de taon non guéries, coutelures profondes, etc., n'altérant pas la qualité du cuir, mais entraînant seulement des déchets dans le débit, pourront être acceptés, sous la réserve toutefois d'une réfaction sur le poids correspondant à la perte qui résultera de leur mise en œuvre.

Cette réfaction sera toujours supputée pour chaque cuir en particulier.

Les cuirs présentant des effleurures étendues et prolongées seront rejetés.

Les cuirs devront être tannés à cœur. Les cuirs creux et les cuirs mal tannés seront rejetés de la fourniture.

Les matières employées pour le corroyage devront être de première qualité et sans acide.

Dans la préparation des cuirs, l'emploi de sucre de fécule, de sel d'étain et de toutes autres matières plombantes est rigoureusement proscrit. La présence d'une de ces matières, constatée dans un des échantillons envoyés à la section technique de la direction intéressée, entraînera le rejet de toute la livraison.

L'épaisseur des cuirs sera aussi régulière que possible et le dérayage devra être fait de façon à laisser les traces des veines apparentes. Toutefois, sur les hanches, les cuirs pourront être baissés et les traces de veines enlevées, mais, dans tous les cas, les veines devront rester nettement apparentes sur toute la longueur de la raie du dos.

Ces prescriptions ne sont pas applicables aux cuirs dont l'épaisseur doit être de $3^{mm},5$ et au-dessous, et qui ont dû subir un fort dérayage.

La gorge ne présentera pas de surcroît d'épaisseur.

Le cuir de taureau est exclu des fournitures.

§ 2. — *Ferrures. Bouclerie.*

L'adjudicataire devra faire connaître au directeur de l'établissement désigné par le cahier des charges spéciales, et dans le délai fixé par ledit cahier, après la notification qui lui sera faite du marché, le nom et l'adresse du fabricant auquel il aura confié la fourniture des ferrures et de la bouclerie qui lui sont nécessaires pour l'exécution de la commande.

Tous les objets en métal sont reçus, pour l'artillerie, par le service des forges et ne peuvent être mis en œuvre que s'ils portent l'empreinte du poinçon de réception de ce service et qu'après avoir été acceptés définitivement par la commission.

Cependant, les objets de bouclerie, tels que boucles, chapes, dés, anneaux, crampons, dont le métal a moins de 7^{mm} de diamètre sont reçus directement par la commission.

Ceux de ces objets qui sont destinés à résister à des efforts de traction doivent pouvoir supporter, dans le sens de ces efforts, sans se rompre ni se déformer, une charge représentée en kilogrammes par la formule $13\,d^2$, dans laquelle d est le diamètre réglementaire minimum en millimètres du métal de ces ferrures.

§ 3. — *Arçons de selles, de sellettes et de bâts.*

Les arçons de selles et de sellettes sont présentés à l'acceptation de la commission de réception, une première fois, en blanc, une seconde fois, nervés, et, enfin, une troisième fois, ferrés.

Les arçons de bâts sont présentés une première fois, en blanc, une seconde fois, ferrés, une troisième fois, garnis du faux siège et des accessoires en cuir, et, enfin, une quatrième fois, garnis des panneaux.

Les bois employés doivent être très sains, parfaitement secs, sans gerçures ni fentes.

§ 4. — *Cordages.*

La dénomination des cordages entrant dans la confection du hanarchement des divers services du Département de la guerre, leur composition et leurs propriétés principales sont indiquées au tableau suivant :

DÉNOMINATION des CORDAGES.	DIAMÈTRE.	NOMBRE de		POIDS mi-nimum du mètre courant	RÉSIS-TANCE mi-nimum.	OBSER-VATIONS.
		to-rons.	fils par toron.			
	millim.			gr.	kilogr.	
Corde de brêlage de bâche de bât (modèle 1891)....	5 à 6	4	3	22,5	175	
Corde de brêlage de porte-outils de pionniers...... Cordeau de fond de litière.	6 à 7	7	[illegible]	32	250	
Corde de suspension de musette-mangeoire..... Cordeau-lacet de fond de litière..................	6 à 7	4	3	32	250	
Trait de bricole de montagne..................	10 à 11	4	3	90	700	
Corde de bâche........... Corde à bottillon	10 à 12	4	4	90	700	
Rallonge de trait.........	12 à 13,5	4	5	130	1010	
Trait de poitrail..........	12 à 14	4	5	130	1010	
Corde de charge..........	14 à 16	4	7	175	1370	
Traits pour harnais de bât d'affût..................	15 à 17	4	8	200	1575	
Cordes à chevaux (artillerie et équipages militaires).	20 à 23	4	14	360	2800	
Traits de harnais pour chariot à canon.............	25 à 27	4	22	560	3500	Avec âme.

Nota. — Les résistances, les poids et le nombre de fils indiqués dans le présent tableau ont été calculés sur le diamètre minimum.

Si un cordage a un diamètre plus fort, tout en étant compris dans les tolérances, son poids au mètre et sa résistance devront être plus considérables.

Le chanvre employé à la confection des cordages devra être de première qualité. Il aura été soumis à un rouissage complet avant le broyage ou le teillage ; il ne contiendra aucun autre textile.

Les cordages seront composés de premiers brins neufs, souples, bien épurés et totalement purgés d'étoupes et de chènevottes ; ils devront être également tordus sur toute leur longueur, les torons ayant une grosseur et une torsion uniformes.

Le commettage sera de 140 p. 100, c'est-à-dire que les fils

entrant dans la composition de 100 mètres de cordage devront avoir une longueur moyenne de 140 mètres.

Les fils seront bien calibrés et présenteront la même torsion dans toute leur longueur.

Le mélange des fils mécaniques et des fils à la main est interdit.

Les cordages seront imprégnés à l'huile lourde.

L'huile lourde employée proviendra de la distillation des goudrons de houille et contiendra les produits qui distillent entre 150 et 370 degrés centigrades environ ; elle pourra être mélangée de 15 à 20 p. 100 de son poids d'huile de lin cuite.

La prise d'huile lourde devra être d'environ 15 p. 100 au moment de la pesée après essorage, c'est-à-dire que 100 kilogr. de cordage blanc devront absorber environ 15 kilogr. d'huile lourde. Ce chiffre 15, sur lequel est basée la formule de résistance, ne devra pas être dépassé.

Si l'imprégnation a lieu avant commettage, et afin d'empêcher, dans ce cas, que la prise d'huile lourde soit trop considérable, il est bon que les fils soient, à la sortie du bain, pressés au moyen de cordes en crin appelées « livardes », dont la pression est réglée de façon convenable.

Les fils doivent être ensuite séchés à l'air avant commettage.

En tout cas, l'imprégnation devra être faite bien à cœur et les cordages devront avoir une teinte uniforme et ne pas être exagérément gras au toucher.

§ 5. — *Toiles et tissus* (en préparation).

En attendant que des instructions définitives soient envoyées aux établissements, il y a lieu de se conformer provisoirement :

1° Pour la toile chinée imperméable, à la note du 6 mars 1889 relative aux conditions particulières à insérer dans les cahiers des charges pour la fourniture de toile chinée imperméable à faire aux établissements ;

2° Pour les autres tissus, aux indications ci-après :

Tous les tissus sont présentés en pièces à l'acceptation de la commission, chaque chef portant les marques et le nom du fabricant.

Le tableau ci-après indique l'emploi des divers tissus et les conditions particulières auxquelles ils doivent satisfaire :

DÉSIGNATION.	EMPLOI.	TEXTILE.	NOMBRE DE FILS au CENTIMÈTRE.		POIDS au mèt. carré (en grammes)	TOLÉRANCE p. 100 sur ce poids.	CHARGES DE RUPTURE MINIMA sans tolérance (en kilogrammes).		OBSERVATIONS
			Trame.	Chaîne.			Trame.	Chaînes.	
Toile à coller....	Entoilage des arçons de selle et de sellette de sous-verge.................. Doublures de dessus de panneaux de bâts de tous modèles (artillerie et équipages militaires)..........	Lin.	8 à 9	8 à 9	50	± 5	»	»	
Toile ordinaire.	Arçons de sellette de harnais de limonière........... Doublures de panneaux de sellette de harnais de limonière.................	Lin.	17 à 18	11 à 12	200	± 5	60	35	La bande à essayer au dynamomètre Chévefy aura une largeur de 50ᵐᵐ sur une longueur de 400ᵐᵐ. Elle sera coupée de droit fil.
Toile forte ordinaire.........	Matelassure de selle........	Chanvre.	11 à 12	10 à 11	410	± 5	200	160	Id.
Toile forte dite picarde......	Matelassure de sellette de harnais de limonière..... Matelassure de bât de mulet et de cheval des équipages militaires................ Matelassure de bât d'affût et de caisse de l'artillerie... Matelassure de coussinet de bras d'avaloire de harnais de bât.................	Lin ou chanvre.	15 à 16	17 à 18	380	± 5	120	140	Id.

DÉSIGNATION.	EMPLOI.	TEXTILE.	NOMBRE DE FILS au CENTIMÈTRE.		POIDS au mèt. carré (en grammes)	TOLÉRANCE p. 100 sur ce poids	CHARGES DE RUPTURE MINIMA sans tolérance (en kilogrammes).		OBSERVATIONS
			Trame.	Chaîne.			Trame.	Chaîne.	
Treillis fort (sans être rude)..........	Faux sièges de selle........ Matelassure de sellette de sous-verge............. Matelassure de panneau de porteur (harnais de conduite en guides)......... Matelassure de panneaux de selle...................	Chanvre.	16 à 17	16 à 17	585	± 5	250	280	La bande à essayer au dynamomètre Chevely aura une largeur de 50mm sur une longueur do 400mm. Elle sera coupée de droit fil.
Toile à voile extra-forte (teinte au cachou).	Bissac................... Etui porte avoine.........	Chanvre.	10 à 11 simples.	10 à 11 doubles.	780	± 5	280	220	Id
Toile à voile en 860mm (teinte au cachou)...	Musette-mangeoire......... Sac de batterie.............	Chanvre.	9 à 10 simples.	9 à 10 doubles.	610	± 5	200	235	Id.
Toile à voile extra-forte en 600mm........	Fond de litière.............	Chanvre.	9 à 10 simples.	9 à 10 doubles.	825	± 5	350	300	Id.
Toile chinée imperméable (1).	Bâches de bâts de l'artillerie et des équipages militaires.................. Bâches et couvertures de voitures................. Etuis de traits de rechange, etc....................	Lin.	11 à 12 teints en noir.	12 à 13 doubles, dont 6 ou 7 doubles teints en noir.	700	$+10 / -0$	270	220	Id.

Tissu croisé	de 53^{mm}..	Surfaix de couverture......	Chanvre.	Fil en 10.	»	100 au mètre courant.	± 5	»	850	Le tissu est essayé dans toute sa largeur.

Tissu croisé

Largeur	Emploi	Matière	Fil		Nombre au mètre	Tolérance			Essai
de 53^{mm}..	Surfaix de couverture......	Chanvre.	Fil en 10.	»	100 au mètre courant.	± 5	»	850	Le tissu est essayé dans toute sa largeur.
de 70^{mm}...	Faux sièges de bât d'affût et de caisse. Sangle de brêlage de tapis de fourragère...	Chanvre.	Fil en 10.	»	130 au mètre courant.	± 5	»	1000	Id.
de 70^{mm} à 80^{mm}...	Sangles croisées et sangles traverses de selle. Sangles de panneaux de porteur (harnais de conduite en guides)...	Chanvre.	Fil en 4.	29 à 30	1000	± 5	»	90 par cent. de largeur.	Id.
de 95^{mm} (écru)..	Faux sièges de bâts de mulet et de cheval des équipages militaires...	Chanvre.	Fil en 7.	29 à 30	1000	± 5	»	90 par cent. de largeur.	Id.
de 95^{mm} (cachou)	Sangles fixes et sangles libres de bissac...	Chanvre.	Fil en 7.	29 à 30	105 au mètre courant.	± 5	»	800	Id.
Tresse de 13^{mm} de largeur sur 3^{mm} d'épaiss^r.	Sangle en tresse...	Chanvre et lin.	(2)	(2)	»	»	»	200	Id.
Galon de bordure de 20^{mm} (cachou)...	Bissac...	Chanvre.	12 à 13	»	10 au mètre courant.	± 5	»	75	Id.
Couvertures...	de cheval ou de mulet...	Laine.	»	111 à 121 au décim.	855	± 5	30	35	L'essai portera sur une bande de 50^{mm} de largeur sur 300^{mm} de longueur

(1) Voir la note en vigueur relative aux conditions particulières à insérer dans les cahiers des charges pour fournitures de toile chinée imperméable à faire aux établissements de l'artillerie.
(2) Voir les tables de construction de la sangle en tresse pour le détail de ses conditions de réception.

La teinture au cachou des toiles et des tissus sera obtenue par le procédé suivant :

La teinture se fera sur les fils, avant le tissage, au moyen d'un bain de cachou brun additionné d'une faible partie de quercitron. Il est interdit d'introduire dans le bain d'autres matières tinctoriales, telles que campêche, sels de fer, etc. Les sels de cuivre ne sont tolérés qu'en très faible proportion et à la condition que, dans la toile teinte, on ne retrouve pas plus de deux milligrammes de cuivre (métal) par décimètre carré.

Pour la brunissure et la fixation de la couleur, il ne sera employé que le bichromate de potasse. L'immersion dans ce dernier bain sera suivie d'un dégorgeage complet.

Le ton de la couleur doit être d'un brun rouge bien accusé, franc, régulier et uniforme, sans taches, ni rayures, ni marbrures.

Les toiles et les tissus teints seront passés à la calandre.

§ 6. — *Couvertures.*

Les couvertures doivent être confectionnées avec de la laine de première qualité, exclusivement blanche, parfaitement lavée, triée et dégraissée.

La laine tendre est admise, à la condition de ne pas dépasser une proportion de 10 p. 100.

La laine employée pour les bandes, les liteaux, les lisières et toutes les autres marques (le mot « harnachement », les initiales du fabricant, le numéro, le millésime) sera teinte à la gaude pure.

L'emploi des laines brunes ou noires naturelles, des laines pailleuses ou mortes, des poils jarreux, des poids de chien ou de cabri, des déchets de filature ou des produits provenant de l'effilochage des vieux tissus, est absolument interdit.

Il est également interdit, sous peine de rejet, de donner aux couvertures une extension forcée pour les amener aux dimensions exigées, et d'employer une préparation quelconque, afin de leur donner le poids minimum exigé.

§ 7. — *Sangles pour selles.*

Par extension des dispositions de l'article 11 ci-après, l'adjudicataire doit, avant de commencer la fabrication des sangles pour selles, remettre à l'établissement deux types de confection de ces objets et vingt-cinq centilitres de l'enduit qu'il compte employer pour imprégner le tissu de ces sangles.

L'un de ces types est destiné, ainsi que l'enduit, à des essais et analyses. Les résultats de ces essais sont communiqués à l'adjudicataire, qui, s'ils sont favorables, est invité à exécuter, dans les mêmes conditions, le reste de la fourniture.

L'autre type de confection de sangle est conservé, comme type définitif de la fourniture, par l'établissement, si les résultats de l'essai sont favorables.

L'emploi d'un enduit dont la composition ne serait pas identique à celle de l'échantillon déposé entraîne, de droit, le rejet de toute la fourniture.

§ 8. — *Colle.*

La colle, autre que la colle forte, doit être faite avec de la farine de seigle de première qualité, délayée dans de l'eau additionnée de cinq grammes de sulfate de zinc et de dix grammes de poudre de coloquinte par litre.

§ 9. — *Bourre.*

La bourre doit être composée de poils d'hiver de bœuf ou de veau. Elle doit être bien lavée, bien dégraissée, et ne contenir aucune matière hétérogène. Avant sa présentation et son emploi, elle devra être battue.

§ 10. — *Crin animal.*

Le crin employé doit être du crin de cheval ou de bœuf, sec, bien dégraissé, bien nettoyé, frisé. Il ne doit contenir ni textiles végétaux, ni soies de porc, ni autres corps hétérogènes. Il sera demi-long, élastique et résistant.

Avant son emploi, il devra être battu ou cardé.

CHAPITRE II.

RÉCEPTION DES FOURNITURES.

Les fournitures sont reçues dans les conditions suivantes, par une commission nommée à cet effet :

ARTICLE 4. — **Réception des cuirs.**

La commission procède à un premier examen général des cuirs par espèce ; elle les voit un à un du côté de la fleur, puis du côté de la chair. Elle écarte ceux qui présentent des défauts apparents de nature à justifier un rejet immédiat.

Le jour et l'heure de ce premier examen sont indiqués au fournisseur, qui est invité à y assister ou s'y faire représenter ; s'il ne le fait pas, la commission passe outre et constate l'absence dans son procès-verbal.

Les cuirs qui n'ont pas été rejetés sont suspendus, à l'ombre, dans un endroit sec et aéré.

FORMATION DES LOTS ET PRISE DES ÉCHANTILLONS.

Après un essorage dont la durée est fixée, pour chaque fourniture, en tenant compte de la saison et du climat, des dispositions des magasins et de leur exposition (1), la commission fait procéder, en présence du fournisseur ou de son représentant, ou d'office si le fournisseur ou son représentant ne comparaît pas, à la formation des lots et à la prise des échantillons.

Les cuirs sont classés par espèces, épaisseurs, etc., en lots comprenant chacun, autant que possible, douze peaux aussi semblables que faire se peut par leur aspect, leur degré de souplesse, de nourriture, etc.

Chaque lot est numéroté, ficelé et cacheté.

Les lots étant formés, la commission fait découper, sur l'un des cuirs de chaque lot, avant le pesage du lot, une bande de 300^{mm} de longueur sur 30^{mm} de largeur ; cette bande, appelée échantillon R, sera coupée le long de la raie du dos et dans le sens de la longueur, de façon que son extrémité postérieure soit à 400^{mm} de la naissance de la queue ; dans cette bande, il en sera prélevé une autre de même longueur, mais de 20^{mm} de largeur, prise dans la partie opposée à la raie du dos.

Un deuxième échantillon (2), dénommé échantillon A, de 200^{mm} de longueur et de 30^{mm} de largeur, sera détaché en un point de la même peau distant de 200^{mm} de la raie du dos, parallèlement à cette raie du dos et de façon que son milieu arrive à la moitié de la longeur de la peau (3).

---

(1) Cette durée est d'environ huit jours pour un magasin non humide, peu aéré, d'une température de 10 à 15 degrés.

(2) Le poids de la moitié du deuxième échantillon envoyé aux laboratoires des sections techniques des divers services ne doit pas être inférieur à 15 grammes; par suite, s'il s'agit de cuirs très minces, la largeur de cet échantillon sera augmentée, au besoin, et par moitié de chaque côté.

(3) Dans le cas où la commission constaterait sur la peau une différence de nuance pouvant dénoter une mise en suif irrégulière du cuir, elle ferait prélever un échantillon A' symétrique de l'échantillon A, ou,

Le premier échantillon R, réduit à 20^{mm} de largeur comme il est dit ci-dessus, et la moitié des échantillons (1) A ou A' ou bien A et A" sont envoyés aux laboratoires des sections techniques des divers services, pour être soumis à des essais chimiques et dynamométriques.

L'autre moitié des échantillons A ou A' ou bien A et A" est conservée comme témoin.

Les pièces d'envoi ne doivent, en aucun cas, faire connaître le nom des fournisseurs.

ÉPREUVES DYNAMOMÉTRIQUES ET ANALYSES CHIMIQUES.

Ces essais sont les suivants :

A. — *Epreuves dynamométriques.*

Les épreuves de résistance ou de traction seront faites sur des éprouvettes de 140^{mm} de longueur sur 20^{mm} de largeur aux extrémités et de 15^{mm} au milieu sur une longueur de 60^{mm}. La bande-échantillon R, prélevée sur le dos du cuir, fournira deux de ces éprouvettes, qui seront toutes deux essayées, mais on ne tiendra compte que du meilleur des résultats.

Ces éprouvettes devront donner au dynamomètre Chévefy, par millimètre carré de section, la résistance minimum suivante :

3 kil. 200 pour les cuirs d'une épaisseur supérieure à 3^{mm},5 (sans aucune tolérance) ;

2 kil. 500 pour les cuirs d'une épaisseur comprise entre 3^{mm},5 et 2^{mm} (sans aucune tolérance).

Les cuirs de veau, ceux de vache d'une épaisseur de 2^{mm} et au-dessous ne seront soumis à aucune condition de résistance.

B. — *Analyses concernant la proportion des matières employées.*

La proportion des matières entrant dans la composition des cuirs devra être comprise dans les limites ci-après :

---

si cette portion de la peau paraissait, elle aussi, différer de l'ensemble, deux échantillons, l'échantillon A et un autre A" pris dans une partie laissée à la disposition de la commission, à l'exclusion du bord même de la peau.

Ces échantillons A et A" seront analysés dans les conditions ordinaires, et la moyenne des résultats sera admise comme constituant la proportion des matières entrant dans la composition des cuirs.

(1) Voir le renvoi (2) de la page précédente.

DIFFÉRENTES ESPÈCES DE CUIR.	MATIÈRES EMPLOYÉES.	MINIMA (p. 100).	MAXIMA (p. 100).
Cuirs en plein suif.........	Suif................	20	28
	Eau................	0	7
Cuirs en suif.............	Suif................	10	18
	Eau................	0	7
Cuirs à l'huile...........	Dégras.............	12	20
	Eau................	0	7
Cuirs à l'eau	Eau................	0	15
Cuirs hongroyés..........	Suif................	25	33
	Sel marin..........	0	5
	Alun...............	10	15
	Eau................	0	10

RÉCEPTION DÉFINITIVE.

Lorsque le président de la commission est en possession du résultat de ces essais, il la réunit de nouveau.

Le fournisseur y est convoqué ; s'il ne se présente pas ou ne se fait pas représenter, la commission passe outre.

En séance, les opérations se succèdent dans l'ordre suivant :

Le président procède tout d'abord à l'ouverture du pli contenant les procès-verbaux des essais, dont il donne connaissance.

Si les essais ont eu pour résultat de constater dans la préparation des cuirs, et pour un seul des échantillons analysés, les irrégularités énoncées à l'article 3 (matières plombantes), la commission, par application de cet article, prononce le rejet de toute la livraison.

Les cuirs refusés pour ce motif sont percés séance tenante, de chaque côté de la raie du dos, à 100^{mm} de cette raie et à 400^{mm} de la naissance de la queue, d'un trou de 2 à 3^{mm} de diamètre.

Si, au contraire, il n'a été constaté aucune des irrégularités énoncées à l'article 3, les cuirs sont examinés successivement dans chaque lot, un à un, du côté de la fleur, puis du côté de la chair ; les défauts sont au besoin soulignés à la craie ; un numéro est affecté à chaque bande ou croupon.

Les défauts relevés sur une bande ou un croupon, qui ne sont pas de nature à faire rejeter cette bande ou ce croupon, donnent lieu à des réfactions pour déchets.

Après cet examen, la commission se reporte, pour chaque lot, à la proportion de suif, d'eau, de sel marin et d'alun, trouvée par la section technique. Si cette proportion est comprise dans les limites imposées, la commission prononce, à ce point de vue, la réception du lot.

Si cette proportion est en dehors des limites indiquées au présent cahier des charges, la commission prononce le rejet du lot. Elle peut toutefois recevoir, s'ils remplissent les conditions de résistance dynamométrique, ceux des cuirs du lot qui seraient de très bonne qualité et pourraient être employés sans inconvénient ; mais, dans le cas de l'excès des matières, le poids de cet excédent sera toujours déduit du poids de la fourniture.

Si le fournisseur conteste les résultats en ce qui concerne les matières grasses et l'alun ou le sel marin, il peut être procédé à une nouvelle analyse qui portera sur la partie des échantillons conservés comme témoins.

Les résultats de cette contre-analyse seront tenus pour définitifs.

La commission prononce ensuite l'admission définitive des cuirs qui composent les lots pour lesquels l'épreuve de résistance au dynamomètre a été subie avec succès. Les cuirs des autres lots sont rejetés.

CONTRE-ÉPREUVE DYNAMOMÉTRIQUE.

Si le fournisseur en fait la demande, il est procédé à une contre-épreuve dynamométrique pour les cuirs qui ont été rejetés uniquement en raison de l'insuffisance de la première épreuve et qui réunissent par ailleurs toutes les conditions d'admission ; de nouveaux échantillons R sont alors coupés, dans les mêmes conditions que le premier, sur deux autres cuirs du même lot.

Le président de la commission la réunit dès qu'il a reçu le procès-verbal du nouvel essai. Il donne connaissance des résultats obtenus par la section technique, et, d'après ces résultats, la commission prononce définitivement l'admission ou le rejet des lots soumis à la contre-épreuve. Pour qu'un lot soumis à la contre-épreuve soit admis, il faut que les deux essais de la contre-épreuve soient satisfaisants. Une expédition du procès-verbal de la contre-épreuve est annexée au procès-verbal de la commission de réception.

Les cuirs rejetés pour tout autre motif que ceux énoncés à l'article 3 (matières plombantes) ne sont frappés d'aucune marque de rebut.

Après la réception, tous les cuirs sont pesés séparément ; les poids sont évalués avec l'approximation du décagramme.

Article 5. — **Réception des ferrures et boucleries.**

La commission s'assure que les ferrures qui n'ont pas été reçues par le service des forges répondent bien aux conditions de l'article 3, paragraphe 2 ; elle essaye une ferrure sur cent.

Cette proportion n'est pas absolue et peut varier dans des limites étendues, suivant l'importance de la commande et la nature des objets.

Article 6. — **Réception des arçons de selles, de sellettes et de bâts.**

La commission opère comme il est dit à l'article 3, paragraphe 3 ; elle peut, si elle le juge à propos, faire scier un arçon sur cinquante ou fraction de cinquante, pour s'assurer de la qualité et du degré de siccité du bois employé.

Article 7. — **Réception des cordages en chanvre.**

Dès leur arrivée à l'établissement, les cordages sont examinés un à un ; ceux qui ne seraient pas conformes aux données des tables de construction et du paragraphe 4 de l'article 3 ci-dessus sont rejetés de la fourniture.

Pour le classement des cordages qui n'auront donné lieu à aucune observation, les commissions de réception devront opérer d'après les considérations suivantes :

CLASSEMENT DES CORDAGES. — FORMATION DES LOTS.

En général, quand l'importance de la fourniture le comportera, il y aura lieu, après le premier examen des commissions, de classer les cordages en deux catégories, comme il est indiqué ci-après :

1° Quels que soient leurs espèces et leurs diamètres, constituer, s'il y a lieu, un ou plusieurs lots de cordages dont l'aspect pourrait faire craindre l'emploi de chanvres de mauvaise qualité ou de provenance douteuse.

Chaque lot ne comprendra, au maximum, que cinquante cordages d'un modèle déterminé ou 200 mètres de cordage ;

2° Former, quelles que soient leurs espèces, un ou plusieurs lots des autres cordages, d'après leurs diamètres, en groupant dans un même lot les cordages de 9 à 12, de 13 à 18 et de 20 à 28^{mm}.

Chacun de ces lots ne comprendra, au maximum, que cent cordages d'un modèle déterminé ou 400 mètres de cordage.

PRISE DES ÉCHANTILLONS. — ESSAIS.

Les cordages sont soumis à un examen microscopique, à des essais chimiques et à des épreuves de résistance.

On prend pour les essais un cordage par lot en ayant soin de choisir, pour les y soumettre, les cordages dont la rupture présenterait le plus d'inconvénients.

Si l'établissement ne possède pas les moyens de faire les essais, il sera envoyé à la section technique de l'arme, soit des cordages de modèle déterminé, soit des bouts de 6 mètres coupés à chaque extrémité d'un même cordage, ou, mieux, sur deux cordages différents.

Dans la majeure partie des cas, le cahier des charges spéciales aura indiqué les cordages à fournir en sus du marché pour être soumis aux essais et cette proportion aura été calculée pour des cordages de la deuxième catégorie ; si la livraison était à classer, en tout ou partie dans la première catégorie, il y aurait lieu de soumettre aux essais le nombre de cordages prévu pour cette catégorie.

Les échantillons destinés aux essais seront livrés par le fournisseur, sans frais pour l'Etat, en même temps que les livraisons auxquelles ils se rapportent.

Les déchets pourront être repris par le fournisseur dans le délai de trente jours à partir du jour de la notification des décisions de la commission de réception (1).

DEGRÉ DE SICCITÉ.

Les cordages ne devront être pris en recette que pour le poids qu'ils représenteront après la constatation de leur degré de siccité.

A cet effet, ils seront pesés au moment de la livraison, puis soumis à un essorage d'une durée de six jours au minimum et de dix jours au maximum.

Cette opération consistera à placer les cordages en rouleaux ou développés, dans un grenier, dans une étuve ou dans un séchoir, à l'abri de l'humidité, en maintenant, s'il est possible, la température du local entre 25 et 35 degrés.

---

(1) Dans le cas où les essais auraient eu lieu à la section technique de l'artillerie, les déchets pourraient être repris, dans le même délai, à cet établissement, 1, place Saint-Thomas-d'Aquin, à Paris, sur la présentation d'une pièce établie par l'établissement expéditeur et contenant les renseignements nécessaires (date et numéro de la pièce d'envoi, nature et marques des échantillons à remettre). Cette pièce est conservée comme reçu par la section technique.

Dans le cas où cette dernière condition ne pourrait pas être remplie, les cordages devront être tenus déroulés pendant toute la durée de l'essorage.

Les cordages seront ensuite immédiatement pesés, dans le local même où aura lieu l'essorage.

Les poids accusés seront ceux de la prise en recette, à la condition cependant que ces poids ne soient pas supérieurs à ceux qu'ils présentaient au moment de la livraison .

La prise en recette ne sera d'ailleurs prononcée qu'après les épreuves de résistance.

ÉPREUVES DE RÉSISTANCE.

Les épreuves de résistance auront lieu aussitôt après la pesée consécutive à l'essorage.

Ces épreuves seront faites dans un lieu sec.

Les essais porteront sur des cordages de modèles déterminés ou sur des longueurs de 6 mètres.

On notera exactement le poids, les longueurs et le diamètre.

Le poids trouvé pour le mètre de cordage devra être au moins égal à celui résultant de la formule :

$$P = 0,897\ D^2.$$

P étant le poids du mètre en grammes et D le diamètre en millimètres.

La charge de rupture ne devra jamais être inférieure à 7,800 P (sept mille huit cents fois le poids du mètre) (1).

La réception sera prononcée après les épreuves de résistance, si la fourniture satisfait, par ailleurs, à toutes les autres conditions de l'article 3, paragraphe 4.

REJET DU LOT. — CONTRE-ÉPREUVE.

Les essais, faits sur les cordages de l'une ou de l'autre catégorie qui ne répondront pas aux conditions du cahier des charges, entraîneront le rejet du lot dont les cordages faisaient partie. Cependant, s'il y a manque de résistance inférieur au dixième de celle qui est exigée, et si, d'un autre côté, le chanvre

---

(1) La charge de rupture est réduite à 6,250 (six mille deux cent cinquante fois le poids du mètre) pour les traits de harnais pour chariot à canon qui ne peuvent pas être confectionnés mécaniquement.

ne contient aucun mélange, le fournisseur pourra être admis à demander une contre-épreuve de résistance, qui sera faite sur des cordages de même sorte que ceux qui auront servi aux premiers essais, mais en doublant le nombre des épreuves.

Pour qu'un lot soumis à la contre-épreuve soit admis, il faut que tous les essais de la contre-épreuve soient satisfaisants.

Article 8. — **Réception des toiles et tissus.**

(en préparation).

En attendant que cet article soit envoyé aux établissements, les commissions de réception s'assureront que les toiles et tissus remplissent les conditions indiquées à l'article 3, paragraphe 5.

Article 9. — **Réception des matières et objets divers.**

Couvertures. — Les couvertures qui sont jugées mal dégraissées sont ajournées.

Celles dont le poids, tout en étant dans les limites prévues par les tables de construction, est inférieur à 1,800 grammes et qui satisfont, par ailleurs, à toutes les conditions de l'article 3, paragraphe 6, ne sont acceptées que si l'adjudicataire consent à subir une moins-value de 90 centimes pour chacune d'elles.

Sont rejetées les couvertures ne remplissant pas les conditions indiquées à l'article 3.

Les couvertures rejetées sont flétries, c'est-à-dire qu'on enlève dans toute la largeur la bande qui porte les marques ; après cette flétrissure, la couverture conserve seulement, à chaque extrémité, un liteau de couleur tranchante.

Bourre. — La bourre qui ne remplit pas les conditions indiquées à l'article 3, paragraphe 9, et celle qui n'est pas suffisamment débarrassée de la chaux provenant du pelanage doivent être rejetées.

Crin animal. — Le crin est toujours présenté en cordes. La commission de réception fait détordre, avec un crochet, dit émerillon, les échantillons qu'elle juge nécessaire de prélever.

Si ces échantillons ne remplissent pas les conditions indiquées à l'article 3, paragraphe 10, et si l'élasticité et la résistance du crin sont reconnues, par comparaison, inférieures à celles du type ministériel que possède chaque établissement, le lot doit être rejeté.

CHAPITRE III

ARTICLE 10. — **Réception du harnachement confectionné dans l'industrie.**

§ 1. — *Commission de réception.*

Le rôle de la commission de réception consiste :

1° A examiner les matières premières et fournitures diverses à mettre en œuvre et présentées par l'adjudicataire, à s'assurer qu'elles sont de provenance française (à moins que cette condition ne puisse pas être exigée, voir art. 1er), à prélever des échantillons pour les essais et analyses et à prononcer l'acceptation ou le rejet des matières avant leur mise en œuvre ;

2° A examiner, comme il est dit à l'article 11 ci-après, et à recevoir, s'il y a lieu, les types de confection établis par l'ad·judicataire ;

3° A surveiller la coupe, s'il y a lieu, puis la distribution des matières ;

4° A surveiller les confections dans les ateliers de l'adjudicataire ;

5° A prononcer définitivement, sauf le recours de droit, la réception, l'ajournement ou le rejet des pièces découpées, assemblées et des effets ou objets finis.

La commission peut déléguer, pour procéder à ces diverses opérations, un ou plusieurs de ses membres, qui sont assistés, s'il y a lieu, par des ouvriers d'Etat idoines ou experts.

En cas de désaccord avec l'adjudicataire, les membres délé-gués en informent aussitôt le président, qui réunit, dans le plus bref délai possible, la commission, pour qu'elle se prononce sur l'objet du litige.

§ 2. — *Examen des matières premières et fournitures diverses. Prise des échantillons.*

L'adjudicataire doit toujours être approvisionné en matières premières et en fournitures diverses, de manière qu'il ne puisse se produire aucun retard dans l'exécution de son marché, par suite de l'insuffisance de ses approvisionnements.

Il se concerte avec le président de la commission et se conforme aux ordres qu'il reçoit de lui pour présenter ces matières et fournitures à l'acceptation de la commission, au fur et à mesure des travaux entrepris.

Au fur et à mesure aussi de ces présentations, il fournit gratuitement les échantillons nécessaires aux essais et analyses.

Ces présentations ont toujours lieu dans les magasins ou ateliers de l'adjudicataire.

La commission vérifie tout d'abord l'origine des matières et fournitures, puis les compare, s'il y a lieu, avec les modèles-types ministériels ; elle rejette celles d'origine étrangère ou douteuse, ainsi que celles qui ne seraient pas conformes aux modèles-types où dont la qualité laisserait notoirement à désirer. Elle prélève sur les autres les échantillons destinés aux essais et analyses.

Ces échantillons sont prélevés de la manière suivante :

1° *Cuirs*. — Dans les conditions spécifiées par l'article 4.

2° *Cordages*. — Les échantillons sont prélevés dans les conditions déterminées par l'article 7.

3° *Toiles et tissus*. — En attendant que la question relative à la réception des toiles et tissus soit résolue, il y a lieu de se conformer provisoirement à la disposition suivante pour le prélèvement des échantillons :

L'échantillon doit avoir 1 mètre de longueur sur toute la largeur du tissu. Il en est prélevé un sur chaque pièce, à un endroit quelconque choisi en dehors du chef.

4° *Matières diverses*. — L'importance des échantillons est laissée à l'appréciation de la commission.

D'une façon générale, les échantillons sont pris en double et divisés en deux lots, dont l'un est mis sous scellés, pour servir de terme de comparaison au cours de la fabrication.

Ceux du second lot qui doivent être l'objet d'essais ou d'analyses de la part des sections techniques sont envoyés sans délai à ces établissements.

Les divers services se réservent le droit d'employer tout procédé qu'ils jugeront de nature à leur permettre de s'assurer que les matières et fournitures présentées ou mises en œuvre remplissent bien les conditions imposées, sans que l'adjudicataire puisse formuler de réclamation, recevoir communication des procédés employés ou prétendre à des indemnités.

Les résultats des essais ou analyses sont communiqués à l'adjudicataire.

Si ces résultats entraînent le rejet des matières ou objets présentés, l'adjudicataire est invité à en fournir d'autres dans les délais fixés par le cahier des charges spéciales.

Dans le cas où les résultats des essais donneraient lieu au rejet pour manque de résistance le fournisseur sera admis à présenter un second échantillon, destiné à une seconde épreuve, avant le rejet définitif des matières ou objets.

§ 3. — *Réception et distribution des matières premières et fournitures diverses.*

1° *Cuirs.* — La commission procède à la réception des cuirs, conformément aux clauses et conditions indiquées précédemment (art. 3 et 4), sans appliquer, toutefois, aux cuirs qu'elle aura admis la clause relative aux réfactions, contenue dans l'article 3.

Les cuirs acceptés restent réunis par lots numérotés, ficelés et cachetés, comme il est dit à l'article 4, jusqu'au moment où ils doivent être livrés aux ateliers de confection, à des jours fixés d'un commun accord par le président de la commission et par l'adjudicataire.

Ces livraisons ont lieu en présence d'un délégué de la commission, qui en tient note sur un registre spécial, contradictoirement avec l'adjudicataire.

Débit et façon des cuirs. Confection des couvertures. — Voir les « Observations générales » placées en tête des tables de construction du harnachement.

2° *Ferrures (et bouclerie).* — Les ferrures reçues (sauf celles qui sont vernies) sont frappées d'un timbre d'acceptation provisoire.

Celles qui sont refusées sont frappées d'un timbre de rebut.

3° *Arçons.* — A la suite de chacune des présentations indiquées à l'article 3, paragraphe 3, ci-dessus, les arçons de tous genres sont frappés, suivant le cas, d'un timbre d'acceptation provisoire, d'un timbre d'ajournement ou d'un timbre de rejet.

La commission se réserve d'ailleurs le droit de faire scier un arçon sur cinquante ou fraction de cinquante, dans le but de vérifier la qualité du bois employé ou de faire vérifier, par les sections techniques des divers services, l'état de sécheresse de ce bois.

4° *Cordages.* — Les cordages sont reçus comme il est dit à l'article 7. Les lots de cordages acceptés sont livrés intacts aux ateliers de confection, dans les mêmes conditions que les cuirs (§ 1er du présent article) et débités en tronçons de longueur convenable, en présence des délégués de la commission.

Les cordages refusés seront flétris par l'apposition de bagues circulaires de 20^{mm} de largeur environ, tracées à l'encre indélébile ; cette flétrissure sera appliquée sur tous les cordages confectionnés, à deux endroits différents, et à des longueurs correspondantes s'ils sont en rouleaux.

5° *Tissus.* — Les pièces de tissus acceptées sont livrées intactes aux ateliers de confection dans les mêmes conditions que les cuirs (§ 1er du présent article) et, autant que possible, débitées en présence des délégués de la commission.

Toute pièce de tissu refusée sera flétrie par l'enlèvement de son chef.

6° *Matières diverses.* — La plupart des matières diverses, telles que la bourre, le crin, etc., ne peuvent présenter de garantie d'emploi, après leur réception, que par des comparaisons très fréquentes avec les échantillons mis sous scellés dans les conditions spécifiées précédemment.

§ 4. — *Réception des pièces découpées.*

Les pièces découpées, assemblées ou non, sont présentées à l'acceptation de la commission dans les ateliers de l'adjudicataire, aux jours et heures indiqués à ce dernier.

Si elles n'ont pas les dimensions voulues, ou si elles n'ont pas été débitées conformément aux prescriptions des « Observations générales » précitées et des tables de construction, elles sont rebutées ; ce rebut, constaté par l'apposition d'un timbre de rejet, entraîne la mise hors de service. Toutefois, la commission peut autoriser l'adjudicataire à en utiliser certaines parties pour la confection de petites pièces accessoires.

Si elles présentent des défauts de nature à motiver l'ajournement, les défauts sont toujours signalés par l'apposition d'un timbre d'ajournement et rendus très apparents, afin que ces pièces ne puissent pas être présentées de nouveau sans avoir été réparées.

Les pièces admises sont marquées, séance tenante, par un ouvrier d'Etat idoine, en présence d'un délégué de la commission, d'un timbre d'admission provisoire.

Il est tenu enregistrement, à chaque séance et distinctement, du nombre des présentations, des réceptions, des ajournements et des rejets.

Les désaccords qui peuvent se produire, au sujet des pièces découpées, entre l'adjudicataire et le délégué de la commission sont soumis à la commission de réception qui se réunit à cet effet.

§ 5. — *Réception des effets ou objets terminés.*

La réception des effets ou objets terminés doit toujours être faite dans les établissements aux jours et heures indiqués à l'adjudicataire. Ce dernier a le droit d'assister aux séances ou de s'y faire représenter.

Malgré l'apposition du timbre d'admission provisoire sur les pièces découpées, la commission conserve le droit de rejeter tout objet ou effet dans lequel la mise en œuvre aura fait ressortir ou accentué une défectuosité dans les matières premières.

Les effets admis sont marqués séance tenante, en présence de la commission ou de ses délégués, des timbres à date d'admission définitive.

Les effets ajournés ou rejetés définitivement sont également marqués des timbres réglementaires, en présence de la commission ou de ses délégués, séance tenante, ou, s'il y a contestation, après l'expiration des délais de pourvoi spécifiés à l'article 11 ci-après.

Le procès-verbal de chaque séance doit mentionner distinctement le nombre des présentations, des réceptions, des ajournements ou des rejets, pour chaque catégorie d'effets ou d'objets.

§ 6. — *Accessoires confectionnés.*

Dans le cas de marchés d'accessoires confectionnés, tels que couvertures, bissacs, surfaix de couverture, musettes-mangeoires, etc., l'adjudicataire livrera un objet pour cent, ou fraction de cent, en plus de la fourniture ; les livraisons auront lieu dans les établissements, dans les conditions indiquées au paragraphe précédent. La commission de réception, aussitôt après la livraison des effets, prélève, à titre d'échantillon, un objet par cent un, ou fraction de cent un des objets fournis, groupés par lots à cet effet.

Ces échantillons sont envoyés aux sections techniques, pour y être examinés et analysés. Le rejet d'un échantillon entraîne le rejet du lot correspondant.

Après réception du procès-verbal d'examen et d'analyse des sections techniques, la réception des effets confectionnés doit être faite dans les établissements, aux jours et heures indiqués à l'adjudicataire. Ce dernier a le droit d'assister aux séances ou de s'y faire représenter.

La commission procède comme dans le cas précédent, paragraphe 5.

§ 7. — *Effets ajournés ou refusés.*

Tous les effets ou objets ajournés ou refusés doivent être

représentés ou remplacés, suivant le cas, dans le délai fixé par le cahier des charges spéciales.

ARTICLE 11. — **Types de confection à établir par l'adjudicataire.**

Avant de commencer l'exécution de la fourniture, l'adjudicataire doit présenter à la commission de réception de l'établissement indiqué par le cahier des charges spéciales, et dans le délai fixé, après la notification qui lui aura été faite du marché, un type complet, dit type de confection, de chacun des objets qu'il aura à livrer.

La commission procède à l'examen de ces types de confection, fait remplacer ou réparer par l'adjudicataire les pièces ou parties qui seraient défectueuses ou mal agencées et expédie ensuite, et *seulement lorsqu'elle les juge acceptables*, les types présentés, à la section technique de l'arme, qui les examine de nouveau.

Ce second examen, qui a surtout pour but d'assurer l'uniformité dans les procédés de confection, donne lieu à un procès-verbal qui est communiqué à l'adjudicataire et aux indications duquel ce dernier est tenu de se conformer.

Les types de confection sont renvoyés par la section technique intéressée à l'établissement expéditeur, en même temps que le procès-verbal ci-dessus, et, lorsqu'ils ont été reconnus entièrement conformes aux données des tables de construction et des cahiers des charges, ainsi qu'aux modèles-types ministériels, ils sont poinçonnés et munis d'étiquettes empreintes d'un cachet de cire et visés par le président de la commission de réception (1).

Ils servent de guide à l'adjudicataire pour l'exécution de la fourniture et peuvent être consultés par la commission de réception ; ils peuvent, en outre, entrer dans la fourniture en fin de commande, s'ils n'ont pas été l'objet de modifications susceptibles d'en altérer les qualités.

ARTICLE 12. — **Surveillance des ateliers.**

La commission, ses délégués, ainsi que les ouvriers d'Etat

---

(1) Les étiquettes sont placées sur chacune des pièces principales et portent les inscriptions ci-après : « (En tête..... indiquer l'établissement, la date du marché, le nom de l'adjudicataire) ». Mettre ensuite : « Type de confection de..... (selle, bride, bricole, musette-mangeoire, sangle en ficelle, etc.....). » « Admis par la commission de réception le..... (indiquer la date). »

Le président de la commission appose sa signature au bas de chaque étiquette.

idoines ou experts désignés pour les assister, et tous les représentants du Ministre, ont libre accès à toute heure du jour et de la nuit dans les ateliers de l'adjudicataire. Ils examinent les matières employées et les comparent aux échantillons qui ont été placés sous scellés.

Ils peuvent procéder à toutes les vérifications et expériences qu'ils jugent nécessaires et prélever, au cours même des travaux, des échantillons des matières et objets mis en œuvre et qui sont examinés par telle personne que le Ministre désigne à cet effet.

CHAPITRE IV.

Article 13. — Contestations.

Toutes les contestations qui peuvent s'élever au sujet de l'exécution des marchés sont du ressort de la juridiction administrative.

L'adjudicataire est admis à se pourvoir contre les décisions de la commission de réception, dans les conditions prévues ci-après.

Article 14. — Conséquences des décisions de la commission de réception. — Appels.

Les décisions de la commission de réception sont exécutoires après l'expiration d'un délai de quarante-huit heures, sauf appel du fournisseur.

Toutefois, ce dernier n'est pas admis à se pourvoir lorsque les rejets ou les diminutions de valeur sont basés sur toute imperfection susceptible d'être mesurée, dosée ou numériquement exprimée.

En cas d'appel, le délai de quarante-huit heures court à partir du moment où le fournisseur a reçu la notification des décisions de la commission ; le pourvoi est suspensif.

Le pourvoi est remis par écrit au président de la commission, qui le transmet le même jour au directeur des établissements.

Les matières ou objets qui font l'objet du pourvoi sont examinés dans le plus bref délai possible à la diligence de cet officier supérieur, par une commission d'appel, conformément à l'instruction du 4 juillet 1903 sur l'organisation et le fonctionnement des commissions d'appel.

Pour le Ministre :

Le Sous-Secrétaire d'Etat,

Henry Chéron.

MODÈLE DE PROCÈS-VERBAL.

(Etabli en quatre expéditions; les deux premières sont destinées au Ministre,
la troisième à l'établissement et la quatrième au fournisseur.)

GOUVERNEMENT MILITAIRE
d
ou
CORPS D'ARMÉE.

PLACE D

SERVICE DE

PROCÈS-VERBAL.

L'an mil neuf cent   , le   la commission d'appel
s'est réunie dans le local de la place de

Elle est composée de :

MM.   membre de la chambre de commerce...... *Président.*
               membre idoine désigné par l'administra-
                  tion militaire (1)...................... } *Membres* .
               membre idoine désigné par M.
               fournisseur...........................

M   , directeur de l'établissement et M.   , fournisseur, assistent à la séance.

Le président donne connaissance à la commission :

1° Du pourvoi en date du   formée par M.
fournisseur, contre le rejet des (2)   dont l'énumération est
indiquée au présent document;.

2° Du procès-verbal de la séance en date du   dans laquelle a
été prononcé le rejet qui a donné lieu au pourvoi dont il s'agit.

Après avoir entendu les dires de M.   , directeur, et de
M.   , fournisseur, examiné les (2)   –   en litige et en avoir
délibéré à huis clos, la commission a consigné ses conclusions au
tableau d'autre part.

---

(1) Officier d'artillerie ou du train des équipages militaires (dans l'artillerie).
(2) Cuirs, cordages, toiles, etc....., etc.....

DÉSIGNATION des (1) — LOTS ET NUMÉROS dans les lots.	DÉFECTUOSITÉS AYANT MOTIVÉ le rejet par la commission de réception.	DÉCISION de la commission d'appel		MOTIFS des DÉCISIONS.
		Admis,	Rejetés,	
	(Exemple pour les cuirs.)			
Lot nº 4...... Cuir nº 3.....	Coutelures graves.......	»	1	
Lot nº 4...... Cuir nº 7.....	Piqûres de taon non guéries, défauts d'épaisseur, défauts de fleur étendus.............	1	»	

(1) Cuirs, cordages, toiles, etc.

De tout quoi, nous, président de la commission d'appel, avons rapporté le présent procès-verbal, qu'ont signé avec nous M.   , directeur, et M.   , fournisseur.

Les Membres de la commission d'appel,   *Le fournisseur,*

Le   Directeur,

Le Président de la Commission d'appel,

POURVOI D (1)

AVIS DU DIRECTEUR

AVIS DU GÉNÉRAL COMMANDANT LE CORPS D'ARMÉE.

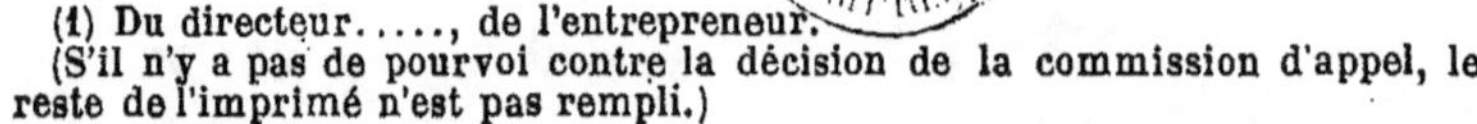

---

(1) Du directeur....., de l'entrepreneur.
(S'il n'y a pas de pourvoi contre la décision de la commission d'appel, le reste de l'imprimé n'est pas rempli.)

DÉCISION DU MINISTRE.

DÉSIGNATION des (1) rejetés par la commission de réception. — (LOTS ET NUMÉROS dans les lots.)	ADMIS par LA COMMISSION d'appel.	REJETÉS par LA COMMISSION d'appel.	DÉCISION MINISTÉRIELLE.
(*Exemple pour les cuirs.*)			
Lot nº 4. — Cuir nº 3....	»	1	Rejet (maintenu ou non).
Lot nº 4. — Cuir nº 7...	1	»	Admission (maintenue ou non).
(1) Cuirs, cordages, toiles, etc.			

Paris, le   19

Le Ministre de la guerre,

TABLE DES MATIÈRES

Paris et Limoges. — Imprimerie et librairie militaires Henri CHARLES-LAVAUZELLE.

Librairie militaire Henri CHARLES-LAVAUZELLE
Paris et Limoges.

Comptabilité du matériel mis à la disposition des corps de troupe de l'artillerie et du train des équipages militaires par les établissements et les parcs d'artillerie. Vol. arrêté à la date du 15 juin 1905. 48 pag., cart.   » 50

Instruction sur le service de l'armement approuvée le 30 août 1884 (à jour jusqu'au 1er mars 1908). 322 pages, cartonné.................. 2 25

Artillerie. Documents divers relatifs aux établissements de l'arme. (Volume arrêté à la date du 1er janvier 1905). 180 pages, cartonné... 1 40

Avancement dans l'armée et état des officiers (à jour au 1er juin 1904). 288 pages, cartonné...................................... 2 25

COMPTABILITÉ GÉNÉRALE ET MARCHÉS. — Dispositions générales et diverses. (Volume arrêté à la date du 1er août 1903). 152 pages, cartonné. 1 25

COMPTABILITÉ GÉNÉRALE ET MARCHÉS. — Règlement du 3 avril 1869 et instruction pour l'application de ce règlement.

TEXTE. (Volume arrêté à la date du 1er août 1903). 206 pages, cartonné. 1 50
MODÈLES. (Vol. mis à jour jusqu'en février 1904). 136 pages, cartonné. 1 25

Nomenclature des pièces à produire à l'appui des ordonnances ou mandats et analyse du mode d'administration, de comptabilité et de payement des divers services. (Volume arrêté à la date du 1er août 1903.) 250 pages, cartonné................................... 2 »

COMPTABILITÉ GÉNÉRALE ET MARCHÉS. — Marchés. (Volume arrêté à la date du 20 juillet 1903). 326 pages, cartonné................... 2 50

COMPTABILITÉ GÉNÉRALE ET MARCHÉS. — Comptabilité des dépenses engagées (à jour au 15 septembre 1904). 100 pages, cartonné...... 1 »

COMPTABILITÉ GÉNÉRALE ET MARCHÉS. — Liquidation des dépenses. (Volume arrêté à la date du 24 mars 1904). 330 pages, cartonné..... 3 »

COMPTABILITÉ GÉNÉRALE ET MARCHÉS. — Dispositions spéciales aux comptes-matières. (Volume arrêté à la date du 1er janvier 1903).
TEXTE. 176 pages, cartonné.. 1 25
MODÈLES. 330 pages, cartonné..................................... 2 25

Condition civile et politique des militaires (à jour en 1902). 144 pages, cartonné.. 1 25

Couchage et ameublement. (Instruction du 25 mars 1907.) (2e édition, mise à jour au 16 juillet 1907.) — Volume in-8° de 290 pages............. 1 »

Décorations (à jour au 1er mai 1896). 108 pag., broc., 1 fr.; relié toile. 1 75

Discipline générale (à jour au 1er octobre 1906). 116 pages, cartonné. 1 »

Ecoles militaires. Dispositions organiques et diverses. — 1er Volume. (toutes les écoles, sauf les Ecoles militaires préparatoires et l'orphelinat Hériot. (Vol. arrêté à la date du 15 mars 1904.) 528 pages, cartonné. 4 »

Ecoles militaires. Dispositions organiques et diverses. — 2e Volume (enfants de troupe, Ecoles militaires préparatoires, orphelinat Hériot.) (10 novembre 1903). 1 volume in-8°, cartonné.................... 3 50

Règlement du 3 janvier 1903 sur l'administration et la comptabilité des Ecoles militaires. (Volume arrêté à la date du 3 janvier 1903.)
TEXTE. 134 pages, cartonné....   .... 1 »
MODÈLES. 192 pages, broché, 1 fr. 50; relié toile................. 2 25
MODÈLES nouveaux arrêtés à la date du 3 janvier 1903. (Annexe au volume n° 34.) 134 pages, broché............................... 1 »

Règlement sur le service de l'habillement dans les écoles militaires (à jour au 15 avril 1897). 100 pages, avec tableaux, tarifs et modèles, broché, 1 fr. 25; relié toile................................... 2 »

Le Catalogue général de la Librairie militaire est envoyé gratuitement à toute personne qui en fait la demande à l'éditeur Henri CHARLES-LAVAUZELLE.

9 782013 664271